いつもの倖せ

たかいたかこ

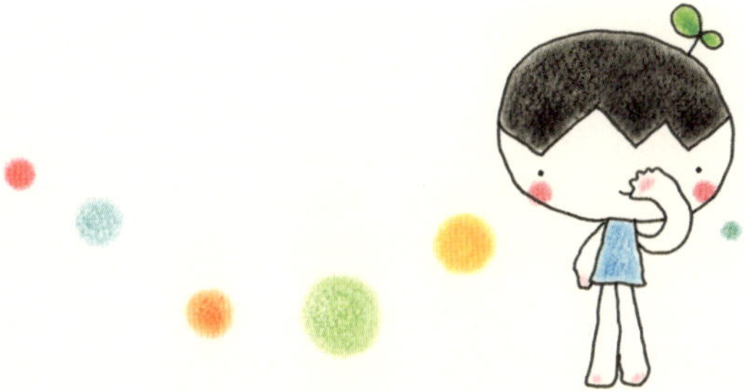

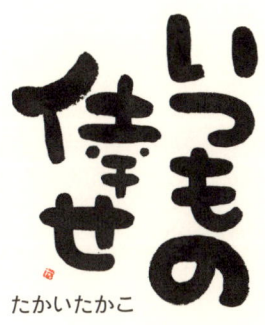

はじめに

この本に出逢ってくださったあなたへ

　こんにちは、たかいたかこです。

　はじめて知ってくださる方も、もう知ってくださっている方も手にとってくださって本当にありがとうございます。２冊目の『もう一回　ココロに種まき』から６年。ようやく３冊目の『いつもの倖せ』を出版することができました。

　でも、どうしてそんなに間があいたのか？　それは、あとがきでふれさせて頂きますね。私がお届けしたいと思っているものは「きっかけの種」。読んでくださったあなたの中にある「今の自分」を感じるものになれたらいいなぁと思っています。その思いは、一冊目からずっと変わっていません。

絵ことばを読んで感じる、いろいろな思いや感情は、実は私が送ったものではなく、もともとあなたが持っておられる「感じるココロ」からきているものだと私は思っています。

だから、もし「いい言葉だなぁ」と感じるならばそれは「言葉を受けとめられる、豊かな自分がいるんだぁ」「落ち着いた環境や時間があるんだなぁ」と今の気持ちにちょっぴりひたって頂ければと思います。

もし「もう、がんばらなくていいの？」「なんかホッとする」と感じるならば、それは「気づかなかったけれど、自分はがんばってきたのかもしれないなぁ」と今の自分をちょっぴりいたわって頂ければと思います。

絵ことばは、自分のココロを映し出す鏡のようなもの。

「今日のココロとカラダの調子をはかる」「今の気持ちを感じとる」そんな、ものさしのような使い方をして頂ければと思っています。

2013年8月　たかいたかこ

いつもの倖せ

たかいたかこ

もくじ

いつもの倖せ

いつもの倖せ

平凡な一日。
いつもと同じことをして
いつもと同じように過ごす。
でも、この「いつも」が
倖せの原点なんだ
と思います。
同じことしか
できないのではなく
同じことができる倖せ。
ありがたいですね。

より
いいって
だけ

よりいいってだけ

「できないと、いけない」
のではなくて
「できれば、さらにいい」
ってことだけです。
「できることが、いい」
のではなくて
「できることは、よりいい」
ってことだけです。
ただ、それだけのこと
なんだと思います。

今は
これで
いいよ

今はそれでいいよ

無理をすれば
もっといい方法や
もっとできることが
あるとは思います。
けれど、今の中でできること
それが、今の一番。
今は、それでいいですよ。

わかった
ことが

わかったことが

ここまできて、やっと
わかったことがあります。
私は「苔」だったようです。
どうりで、シャキシャキした
明るい世の中では
生きにくいわけですね。
苔って、日当りのよくない
ジメジメした場所に育つ
暗いイメージがあったんですが
実は、シンプルで順応性の高い
やさしい植物なんですって。
ゆっくりと息づきながら
そっと寄りそい、森を守っている。
そんな世界も悪くないですね。
私もようやく、イキイキ
生きていけそうです。

うんうんうん

うんうんうん

あなたが「辛い」と感じるのならば
それは本当の辛さ。
辛いでしょうね。
あなたが「悲しい」と感じるのならば
それは本当の悲しみ。
悲しいでしょうね。
あなたが「淋しい」と感じるのならば
それは本当の淋しさ。
淋しいでしょうね。
あなたの立場からすれば
すべて本当の気持ちです。
私は、そんなあなたの気持ちに
「うんうんうん」と寄りそいたい。
ただただ、そう思っています。

こんなにも

こんなにも

「ものは考えよう」と言いますが
なかなかそう思いにくいのが
本当のところ。
少なくとも、私はそうかな。
でもこの頃、できるときには
「これだけしかない」ではなく
「こんなにもある」
と思うようにしています。
そうしていたら
ほんのちょっぴりですが
不安が薄れてきたような……。
ココロってなんだか不思議ですね。

同じようでも

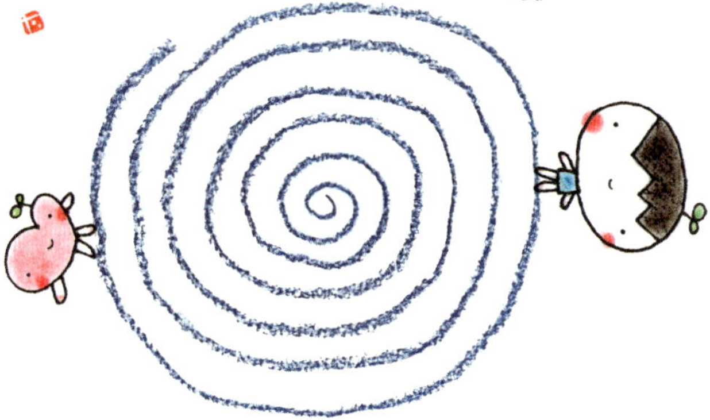

同じようでも

いつも同じようなことで
落ち込んだり、つまずいたり……。
そんな自分がイヤになって
しまうんですよね。
でも実際は、全く同じことを
繰り返しているのではない
と思いますよ。
一回より二回、二回より三回
それは「経験を積んでいる」
ということなんだと思います。
以前より、そのときの
過ごし方が身についていたり
落ち込む時間が短かったり
していませんか？
同じようでも、実は違う道
歩いているんですよ。

心呼吸

心呼吸

大きく吸って、大きく吐いて……。
呼吸を整えるため
深呼吸をするように
調子を整えるための
呼吸をしよう。
ココロのための、心呼吸
カラダのための、身呼吸
心身呼吸で
気持ちも身体も軽くしよう。

見渡して
みれば

見渡してみれば

多くのことは「前に進むこと」が
大切でそれがすべてのように
思ってしまいがちです。
でも、本当にそうなのかなぁ。
私には、前だけではなく足あとの数にも
意味があるように思えるんだけれど。
例えば「一歩進んで、二歩下がる」
前に進むことに重きをおけば
後退していることになります。
でも、足あとの数に重きをおけば
三歩も歩いていることになります。
足もとは踏みしめれば踏みしめるほど
しっかりした土台になるもの。
そう思うと、今の足踏みは
これからにとって大切なもの
なのかもしれませんね。

伝えて
おくね

伝えておくね

ココロからあなたを思う
ことばであっても
あなたの状態やタイミングが
よくなければ
届けることは難しい。
それは、受けとめられない
あなたが悪いわけでも
伝えきれない
私が悪いわけでもありません。
ただ今は、届かないだけ。
でも、それをわかった上で
とりあえず、気持ちだけは
伝えておきますね。
私は、自分のことをしながら
あなたのことを思っていますよ。

もう
いいよ

もういいよ

今まで役割をこなして
生きて来られたんだとしたら
今まで気持ちに応えて
生きて来られたんだとしたら
今まで誰かの肩代わりをして
生きて来られたんだとしたら
もう、いいですよ。
あなたは十分に
やってこられたと思います。
これからは、その役割を
その方自身に
担ってもらいませんか？
慣れるまで、ちょっと違和感が
あるかもしれません。
でも本当は、それが本来の
あなたの姿かもしれませんよ。

正直でおこう

置いておこう

生きていると、壁に当たることも
少なくありません。
それにどう対応していくかは
大きな課題です。
でも、できごとによっては
すぐに解決することが
難しいものもありますよね。
そんなときには、とりあえず
自分のできることをして
ちょっと置いておく。
それも方法の一つだと思います。
そうこうしている間に
時間が解決してくれていた
ってことも実際ありますしね。

みんな違う
みんな同じ

みんな違うみんな同じ

この世に、自分は一人だけ。
だから、それぞれに違いが
あって当然です。
でも、それを「みんな違うんだ」
って思うのは、結構難しい。
この世に、自分は一人だけ。
だから、それぞれに悩むことが
あって当然です。
でも、それを「みんな同じだ」
って思うのは、結構難しい。
人間とは、そんな複雑な
生きものなんだと思います。

任せよう

任せよう

自分と関わりのある人から
怒りや悲しみの感情を
向けられたときに
「原因は、私かな？」って
思ってしまいがちですよね。
でも、よく考えてみると
お相手の感情や感じ方は
その方のもの。
だから、そこはお相手に
お任せしませんか？
もし自分に反省すべき点が
あると感じるならば
そこはしっかり反省をしよう。
でも、感情のすべてをあなたが
引き受けてしまうのは
どうなんでしょうね。

もが
いいよ

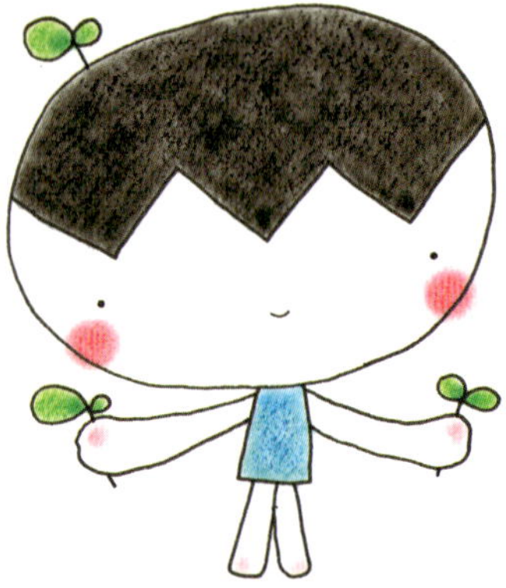

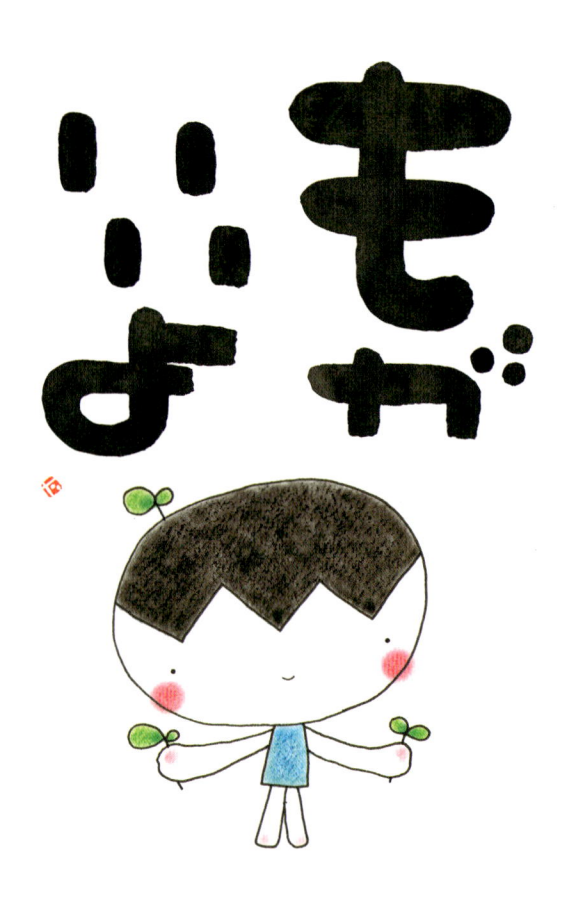

もがいいよ

「これがいい」って考え方は
こなせるときには
とても心地よいものです。
けれど、何かのきっかけで
こなせなくなってくると
しんどくなってしまいます。
「これがいい」ではなく
「これもいい」って考え方が
できればいいですね。
あなたもいい、私もいい。
そんな風に思いたいですね。

やめていいから

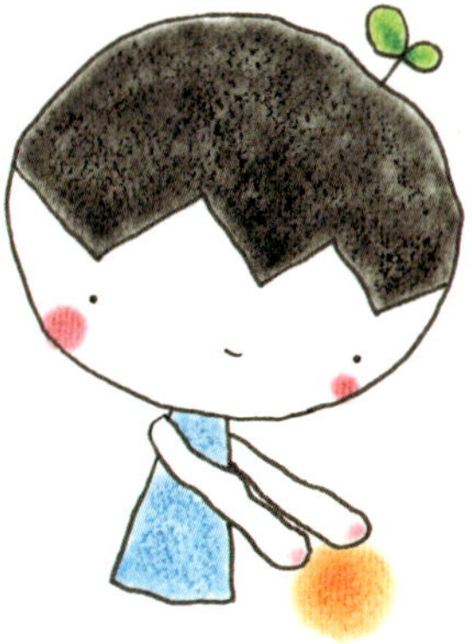

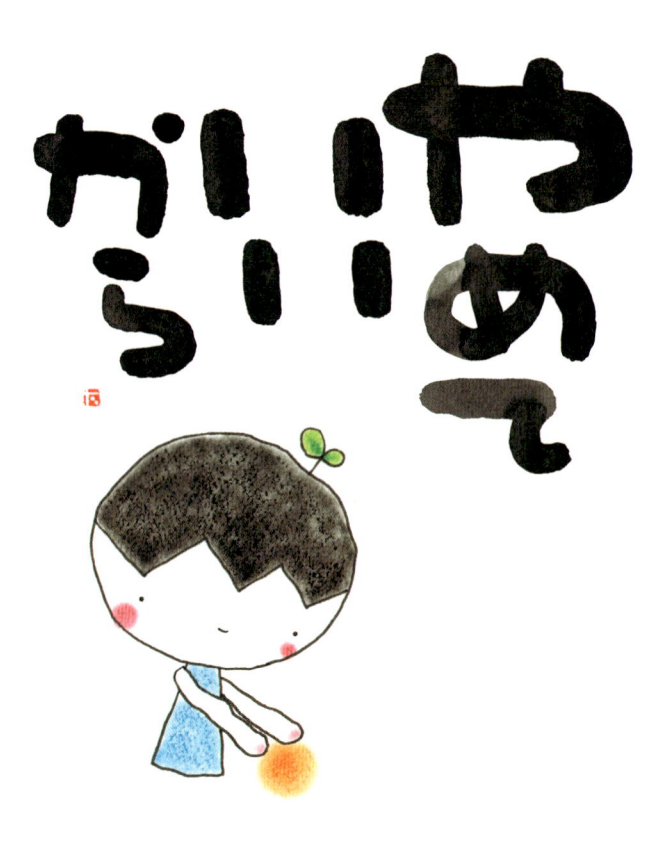

やめていいから

人のココロは動くもの。
今日は、そう思えても
明日もそう思えるとは限りません。
だから今日、決めたことは
今日やりきれば、まずはヨシです。
それより、大切なのは
今の気持ちにそうことだと
思うんだけどなぁ。
だって、続けることが負担になって
動くことさえできなくなるより
続けることをやめて
動ける方がいいと思えるからね。

なんと
なく
こそ

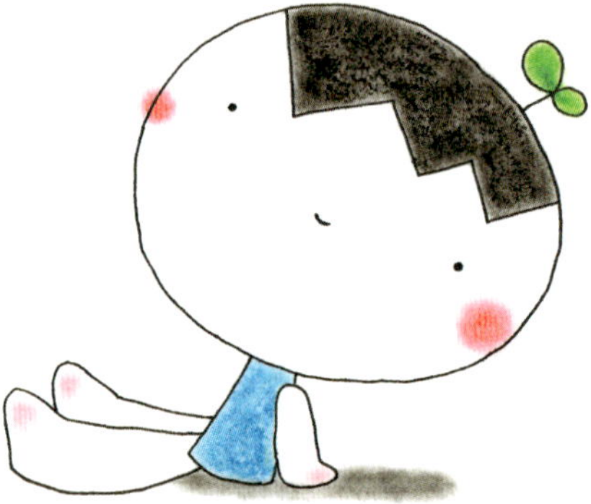

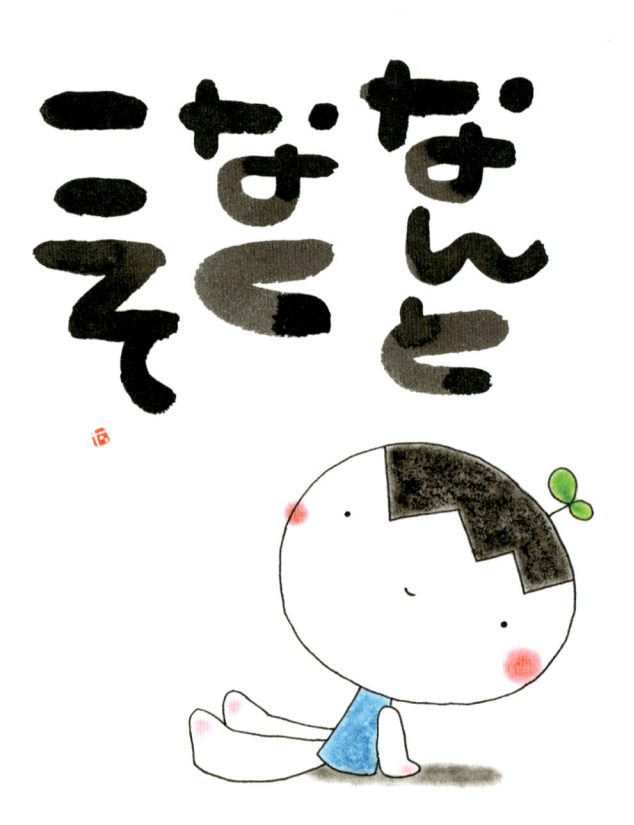

なんとなくこそ

判断や決断をくだすとき
「理由」や「根拠」を
決め手にしますよね。
でも、自分の気持ちを
確かめるときは
どうなんでしょうね。
理由や根拠は、人や知識から
借りてくることも可能です。
でも、感覚は自分自身が
感じとってやらない限り
結論に反映させることが
できないものです。
そう思うと、感じるものが
答えなのかも……。
なんとなく、そう思えます。

時には
それも

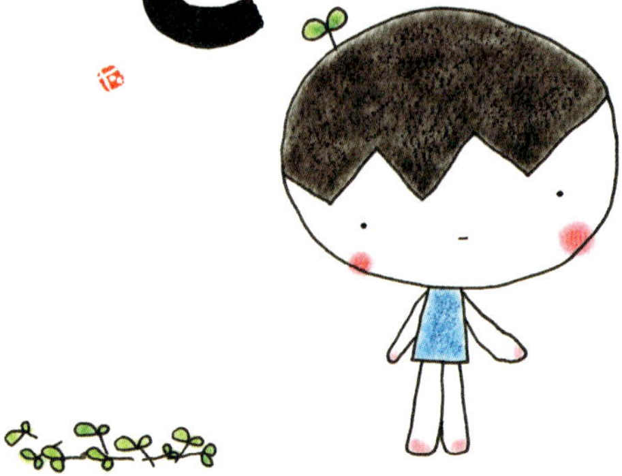

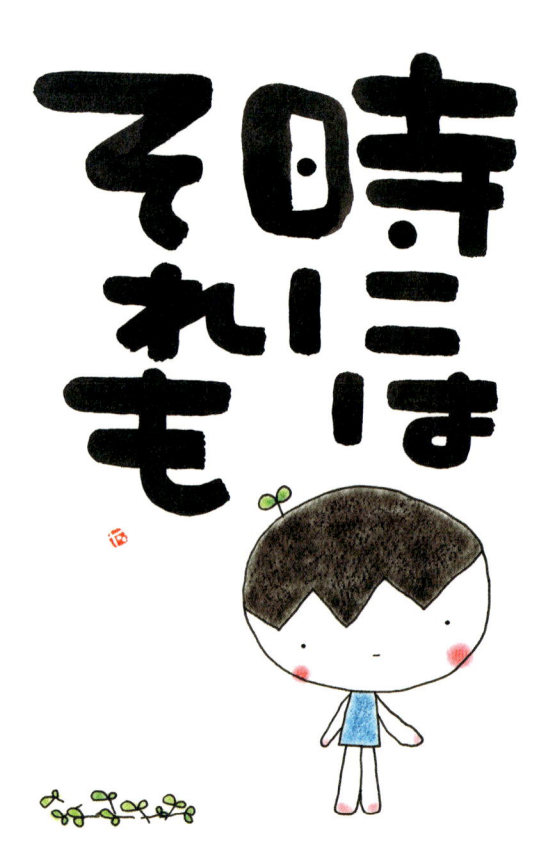

時にはそれも

正しいことは、ときに
人や自分を追いつめる
ことがあります。
それは正しさゆえに
できないことが
悪いように思えるから。
でもね、場合によっては
正しさよりも、大事なものが
あるんじゃないかなぁ。
優先してもいいことが
あるんじゃないかなぁ。
私には、そんな風に
思えるんだけれど。

見えてる
ものは

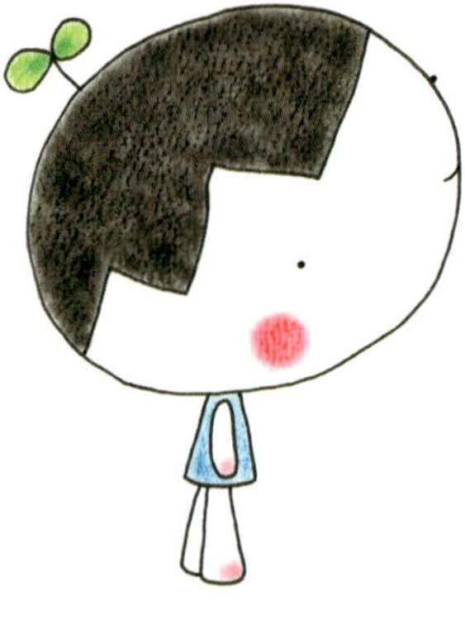

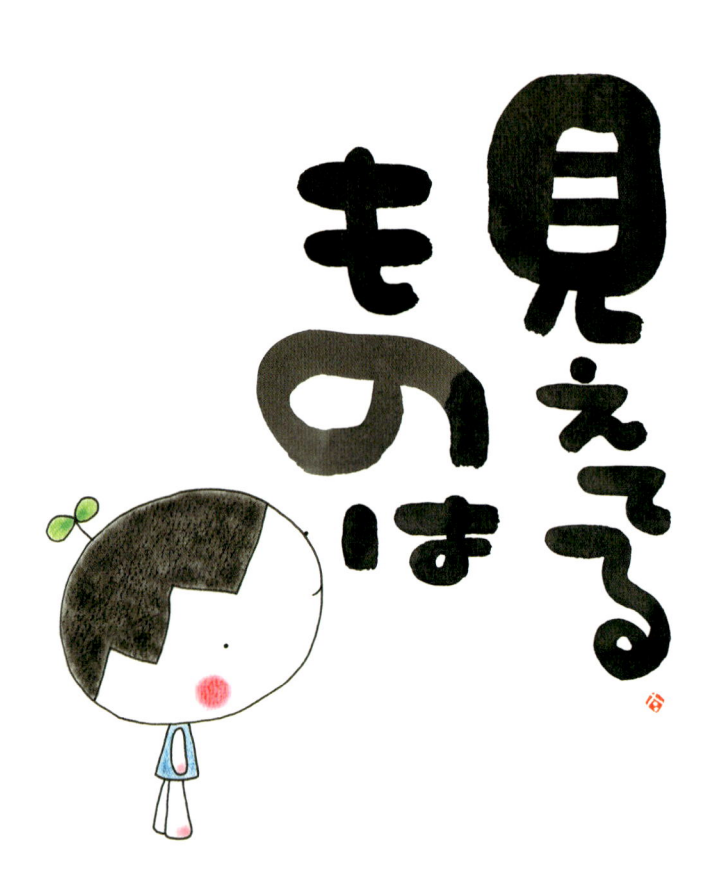

見えてるものは

毎日、空を見上げています。
ある日、いつものように
空を見上げると真っ青の空が
広がっていました。
そのとき、ふと……。
私は毎日、空の何を
見ていたんだろうと思いました。
そこで、気がついたんです。
私が毎日見ていたのは、空ではなく
空模様だったということを。
目の前のものは
自分の気持ちで全く違うものが
見えているんですね。
そう思うと、見ているものは
事実の中の「ひとつ」に
すぎないかもしれませんね。

だって
悲しい
んだもの

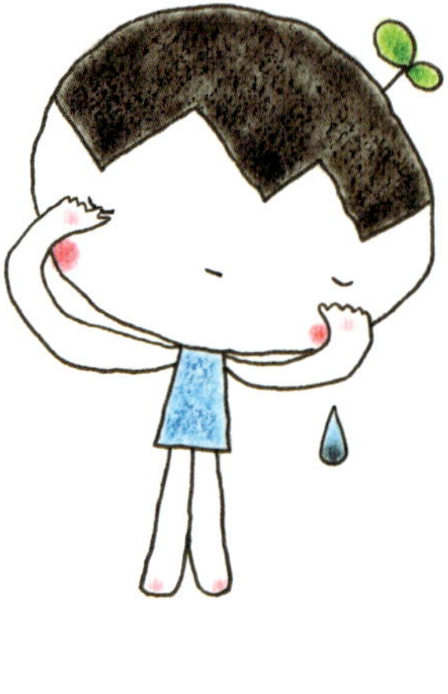

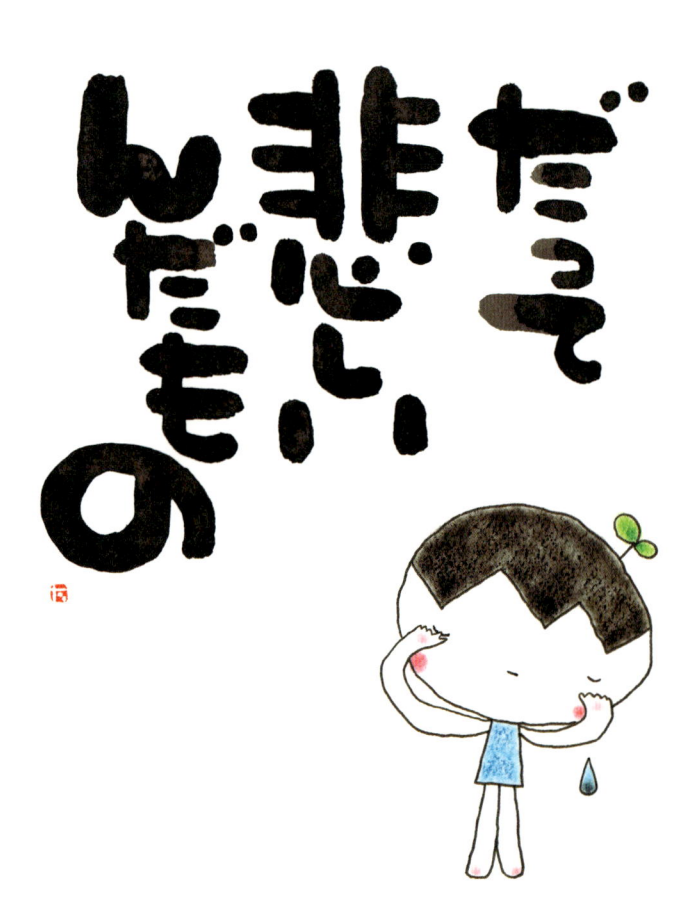

だって悲しいんだもの

何年たっても、悲しいことは悲しい。
何年たっても、辛いことは辛い。
もし変わるとするならば
送る日々が、日常になっていくだけ。
だから思いがこみあげてくるときは
「悲しい」と泣いていいですよ。
「辛い」と声を出していいですよ。
だって、悲しみや辛さが喜びに
変わることなど
決してないと思うから。

出来ないことも

出来ないことも

「できること」はすばらしい。
でも「できないこと」は
これからすばらしいものに
変わっていくものだと思います。
それは、できることは
楽になれるけれど
できないことは
楽になれないから。
そういう意味で
できることだけがチカラに
なっていくんじゃないですよ。
できなかったことを
受けとめたり、やり過ごすことも
大きなチカラになっていきます。
だから、できることもできないことも
大切なことだと思います。

のぞかせるよ

のぞかせるよ

究極にしんどいときは
一日を過ごすだけでも精一杯。
でも、そこをちょっと抜けると
「このままでは、いけない」
「いつまで続くの」という
思いにとらわれてしまいます。
でも、だいじょうぶ。
今の焦りや不安をなんとか
やり過ごせば、自然と
いい風に動き出します。
だから、安心してください。
その日が来るまであとちょっと
もう少しです。

やり過ごそう

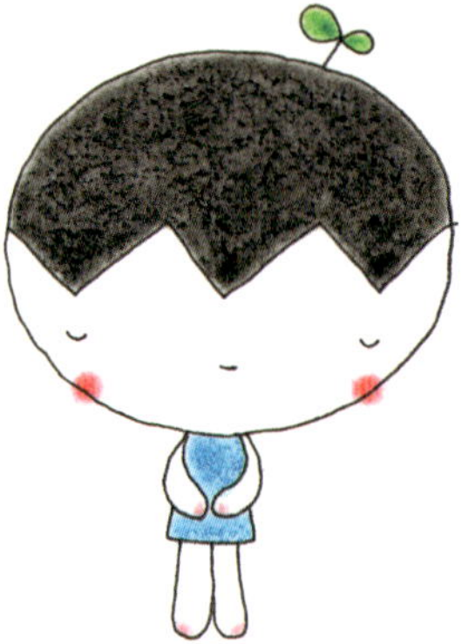

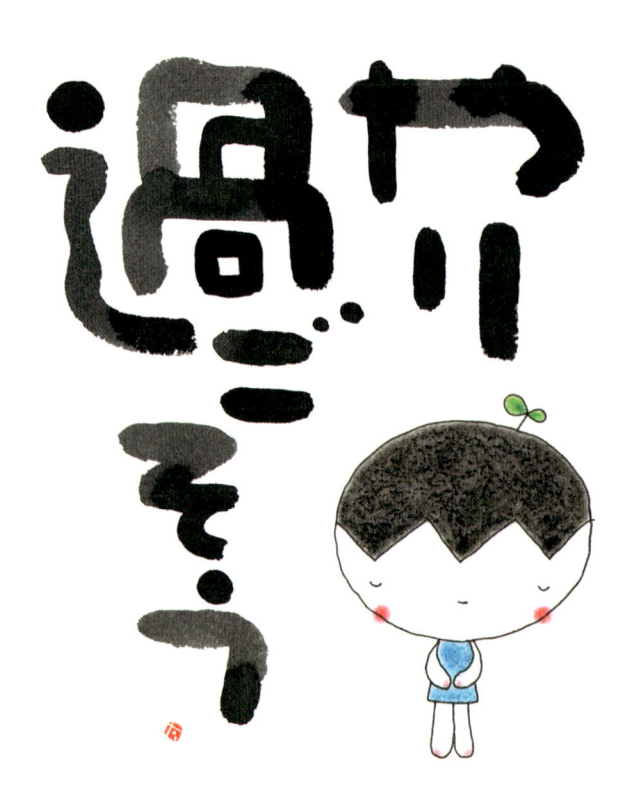

やり過ごそう

「うつをどう乗り越えられたんですか」
とよく聞かれます。
でも現実は、乗り越えられない
ほどのものだから
しんどくなったように思えます。
もし、そんなときがきたら
やることはやって、あとは
しんどさに押しつぶされながら
一日を、やり過ごしてくださいね。
そうやりながら、どうか時間を
かせいでくださいね。
「そんな甘いこと」という人も
いるかもしれません。
でも、それさえもしのいでくださいね。

ひょっとして
一番の
いい天気
なのかも
しれないね

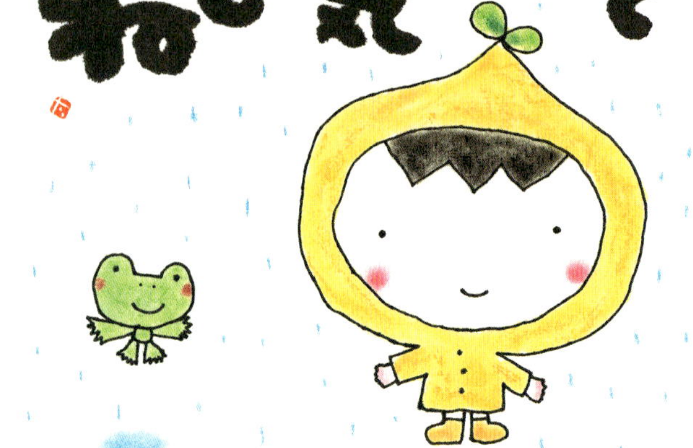

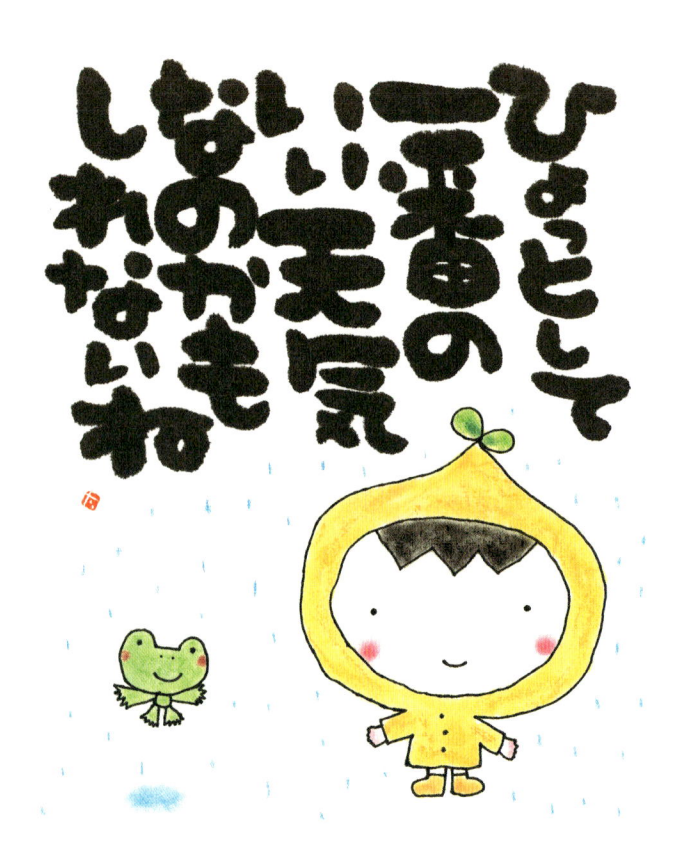

ひょっとして一番のいい天気
なのかもしれないね

ついつい忘れてしまう幅広さ。
でも、それが私
という人でもあります。
私の心地わるさが
誰かの心地よさに
つながっているかもしれません。
そう思うと、すべてが
大切なできごとですね。

なにも
求めず
届けて
くれる

なにも求めず届けてくれる

みえるもの、聴こえるもの。
カラダやココロでふれるもの。
そんな多くのものを
ただただ、届けてくれている。
それをこの絵ことばで、少しでも
表せたらなぁと思っていたら
こんなにやりすぎた感じ
になってしまいました。
「自然である」ってすごいなぁ。

遠く
たって
言は
近いよ

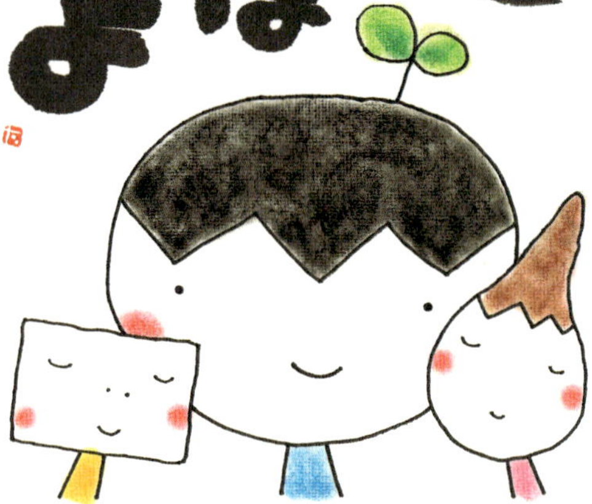

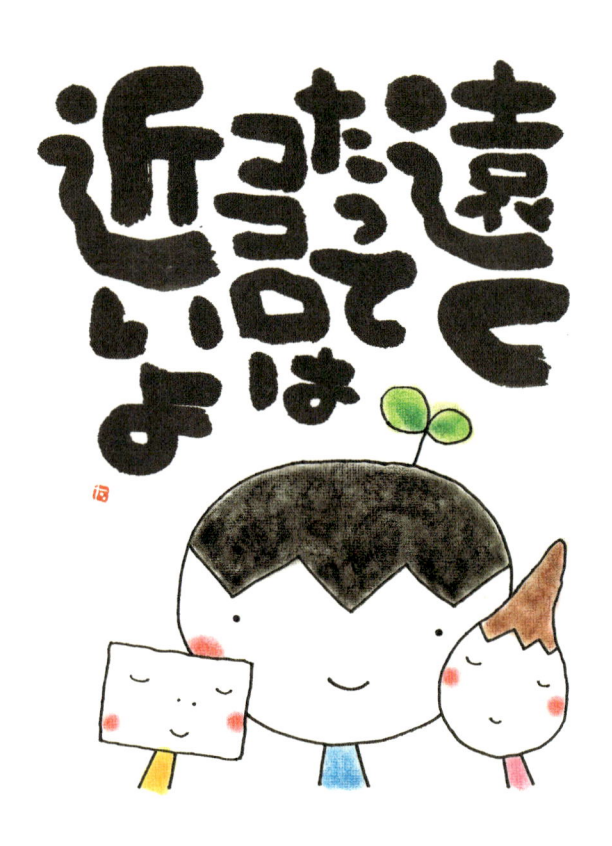

遠くたってココロは近いよ

人の距離感は
物理的なものだけじゃない。
近くにいても
気持ちにすごく距離がある人
また、その逆の人もいますね。
だからこそ、ココロの近い人
であればいいなぁ
そう思っています。

ピリッと
甘い

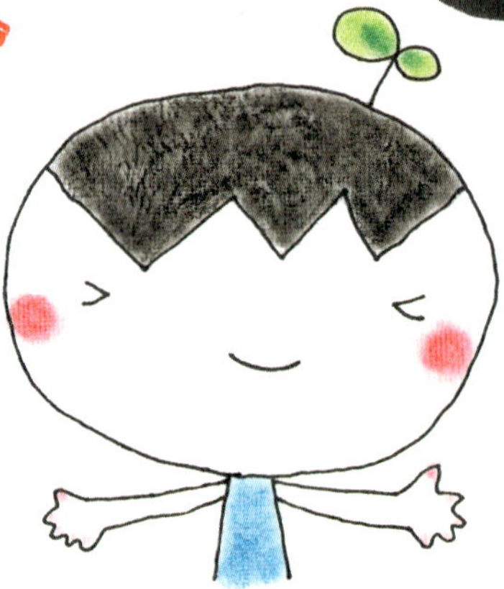

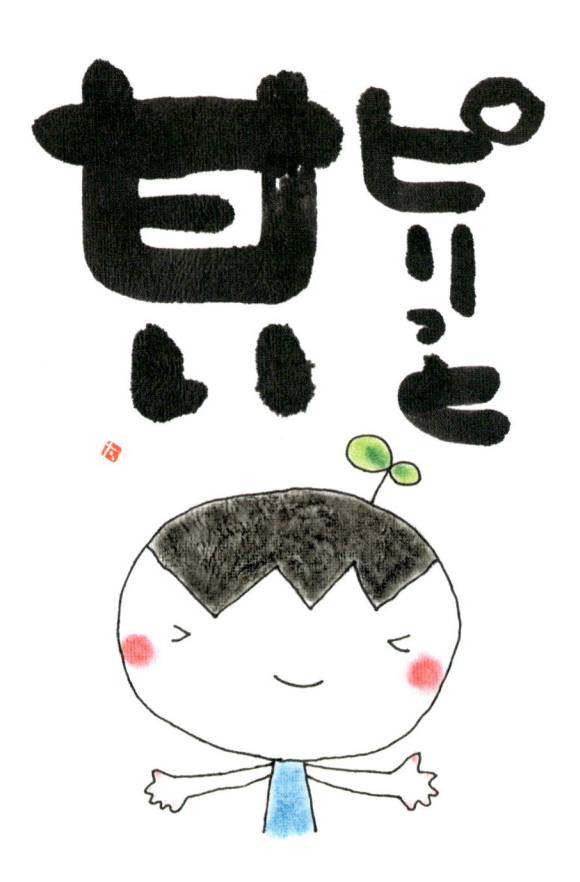

ピリっと甘い

良いことと悪いことは
背中あわせ。
厳しいことと甘いことも
背中合わせ。
多くのことが、背中合わせ。
愛情や感情も
そんな感じですね。

ヒマワリも
コケも
なくちゃ
困っちゃう

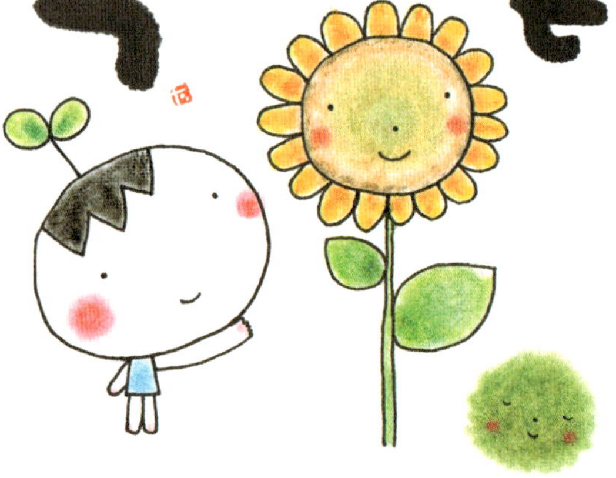

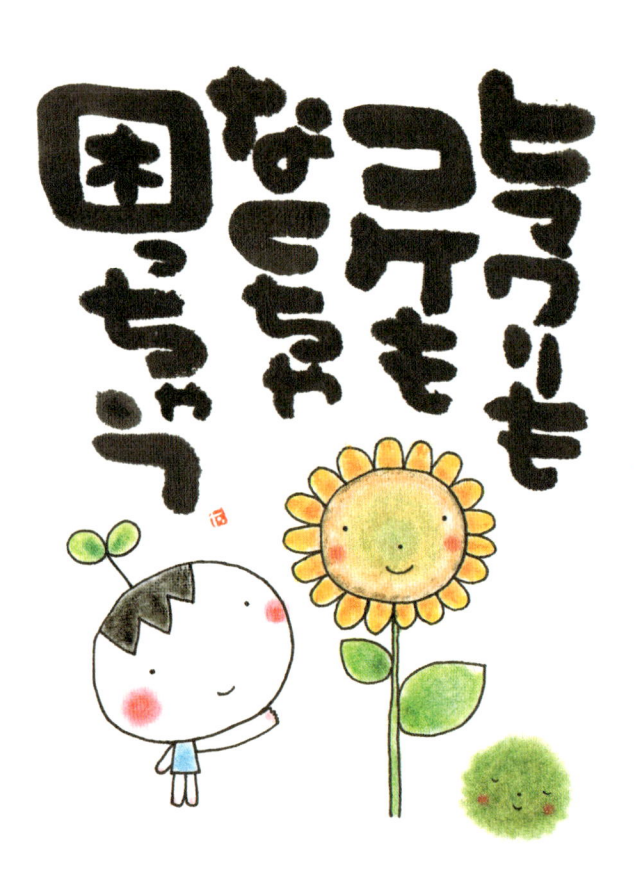

ヒマワリもコケも
なくちゃ困っちゃう

「これだけが、あればいい」
ってものが、ないように
何かしら関わり合って
すべてが必要なんですね。
ヒカリが、必要なときもある。
カゲが、必要なときもある。
「ないといけない」ではなく
「ないと困る」
そんなものですね。
あなたも私も、いないと困る
なんですよ、きっと。

だから
一緒に

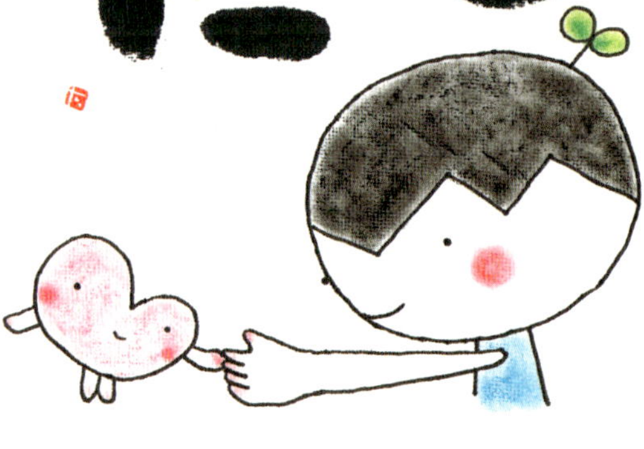

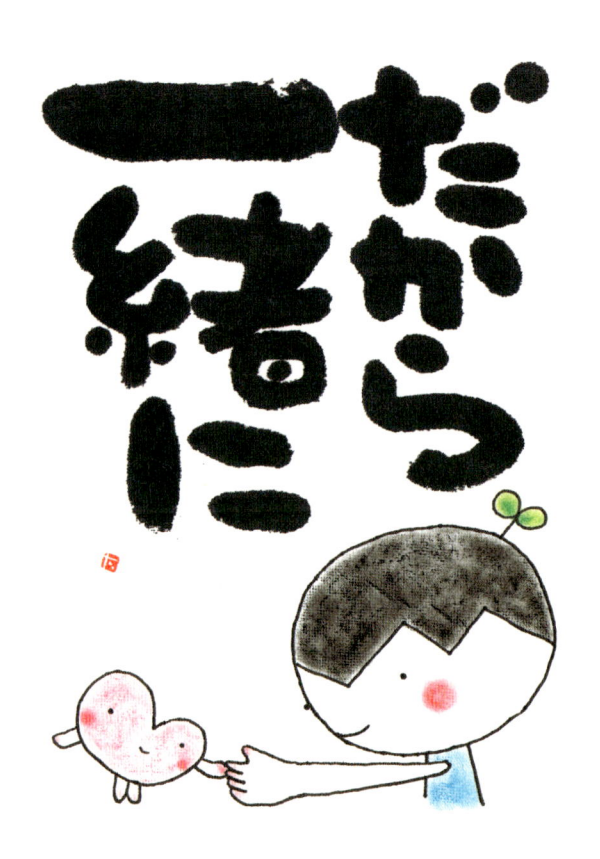

だから一緒に

楽しいときやうれしいときに
気持ちを分かち合える
つながりは、とてもうれしい。
辛いときや悲しいときに
寄りそい見守ってくれる
つながりは、とてもありがたい。
それを痛感した２年あまりです。
そのとき、いっしょに
過ごしてくれた人たちは
今の私の一部になっています。
私は、みんなでできてるね。

そういう
ものなのかも
しれないな

そういうものなのかも
しれないな

「これっておかしいよなぁ」
って感じるとき
どうしようもできないことに
悶々とするんですよね。
そんなときは、そこにいるから
気づきや同じ感覚の人に
出逢えるのかもしれない。
せめて「?」「!」は
大事にしておこう。
そんな風に思えるよう
練習、練習、また練習です。

ぱぐ
っ
どと

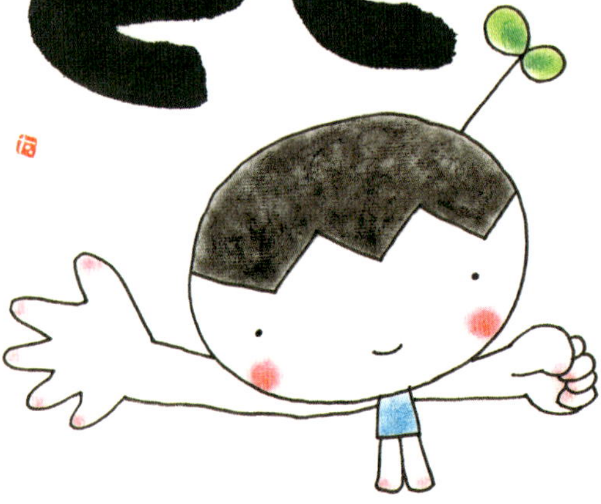

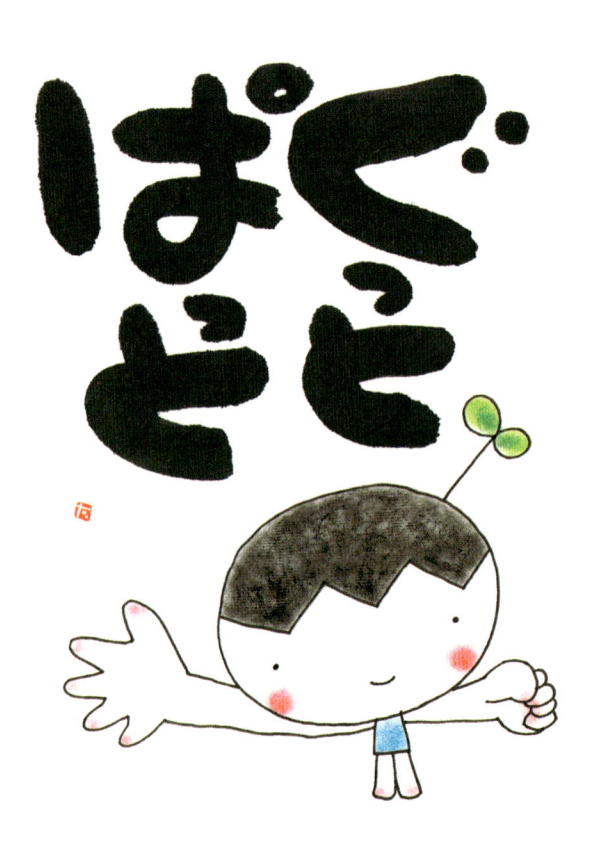

ぐっとぱっと

私はどうも
つかみにいくのは、苦手だし
手放すタイミングが
よくないみたいです。
例えると、大波が寄せて
引いていく中を
上になったり、下になったり
行ったり、来たりしながら
対応してる感じかな。
だから、これからは来たら
チョコっと、つかんでみる。
行ったら、フワっと放す。
そんな風にできればなぁ。

心の中に
いるいる
いろんな
自分が

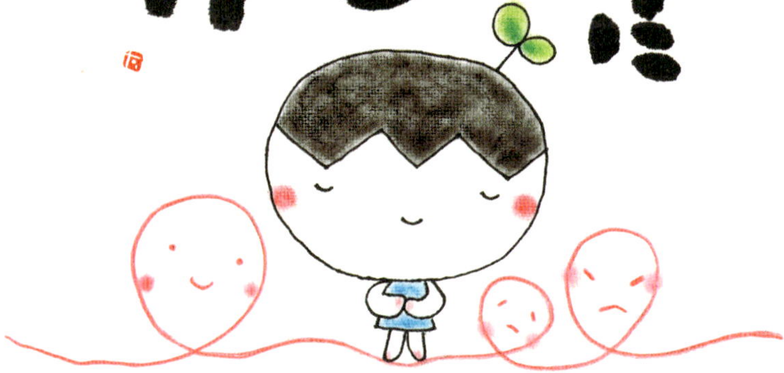

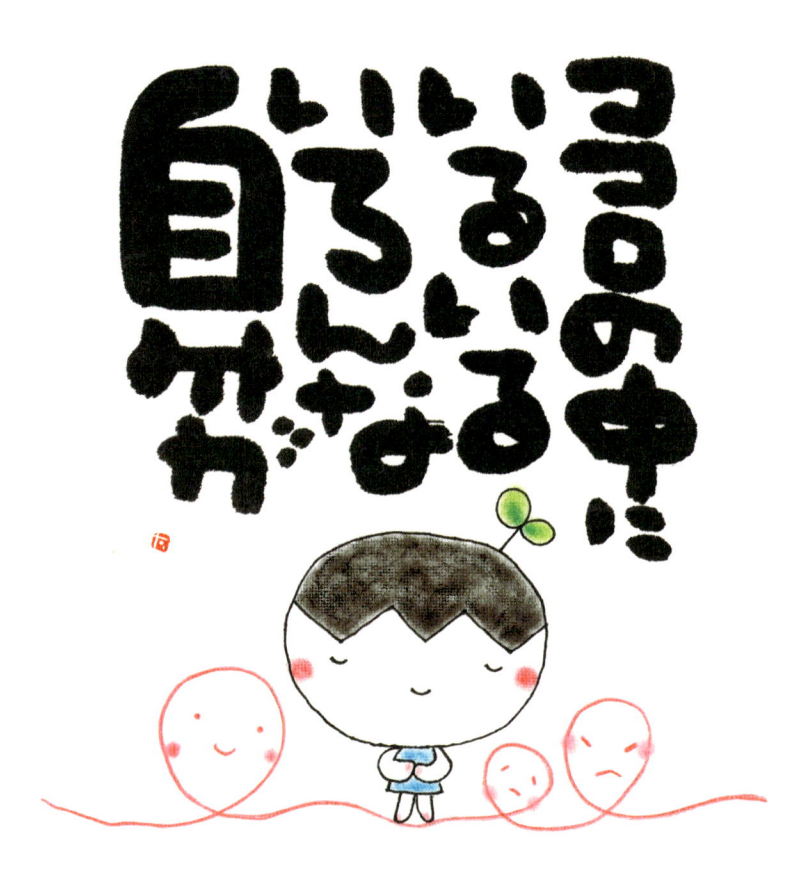

ココロの中にいるいる
いろんな自分が

私には、いますいます
いろんな自分が。
そのときどきによっても
違ったりもします。
だから、いつもそれを問う
自分が顔を出すんですよ。
でも、わかっているんです。
その方が、人間くさい。
それくらいの方が、自分にも
お相手にもやさしい。
ですよね?!

できてること
いっぱい

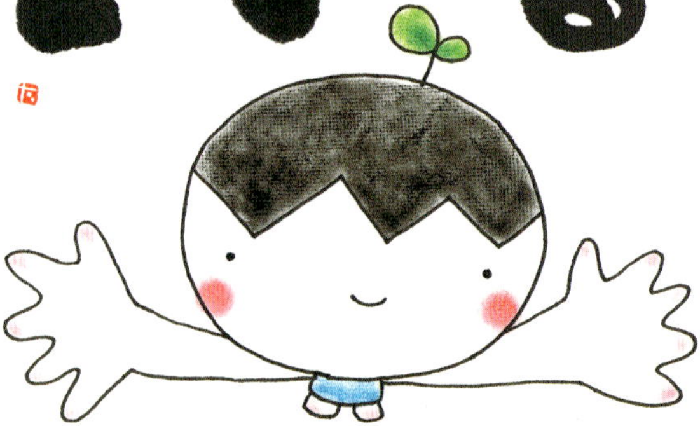

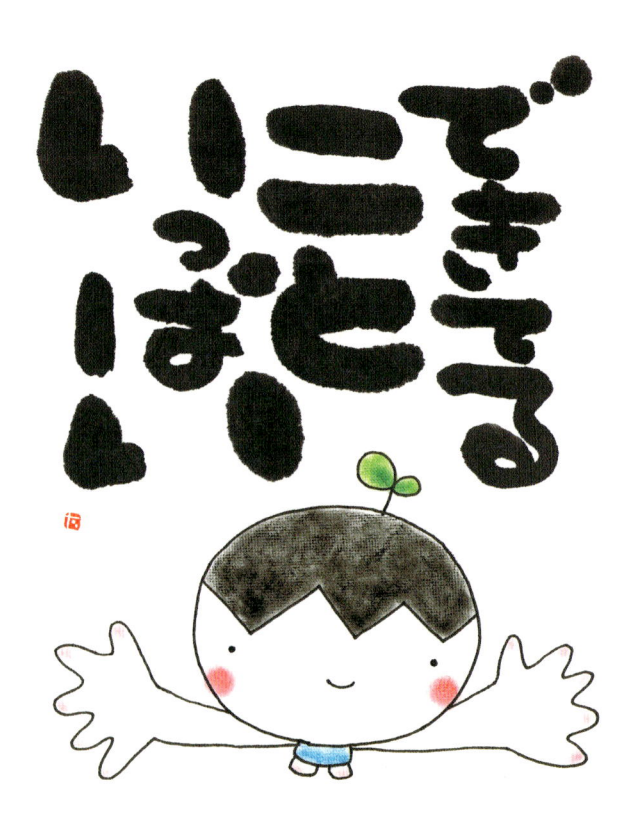

できてることいっぱい

しんどくなって
痛感したことがあります。
息をすること、眠ること
食べること、感じること……。
日々、無意識の行動は
すべてが、できていた
ことだったんですね。
できてることの上に
暮らしが動いていたんですね。
できてることは、すごいこと。
少なくとも、当たり前のこと
ではないですよ。

動き
はじめそう

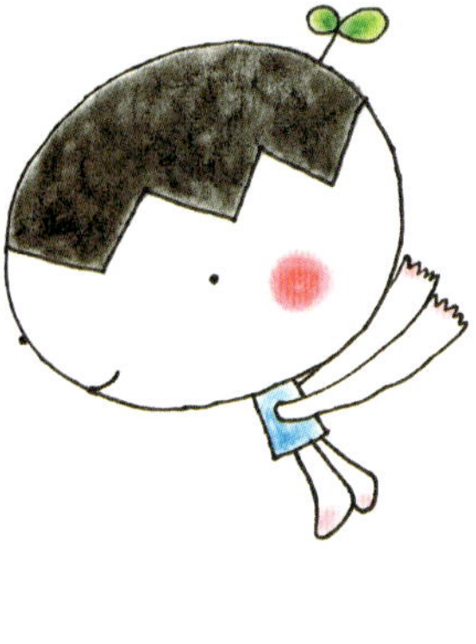

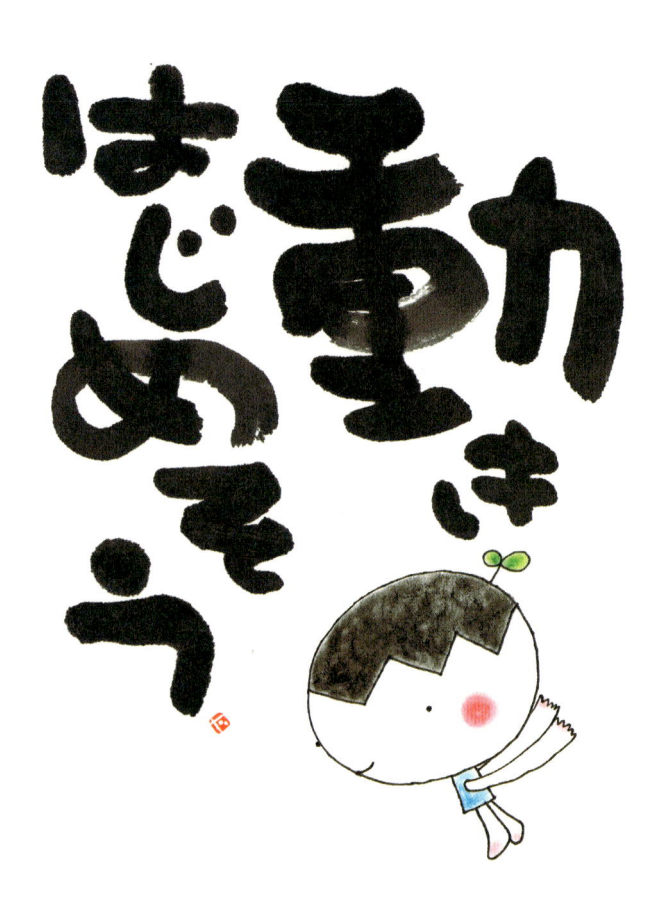

動きはじめそう

動き出す、動いてみる
これは、意志が
主なように思えます。
でも、動きはじめるというのは
自然にわき上がるものが
主なような気がします。
そんなときにちょっと
自分のお試しをしてみた。
それが、今の私です。

なにげないこと

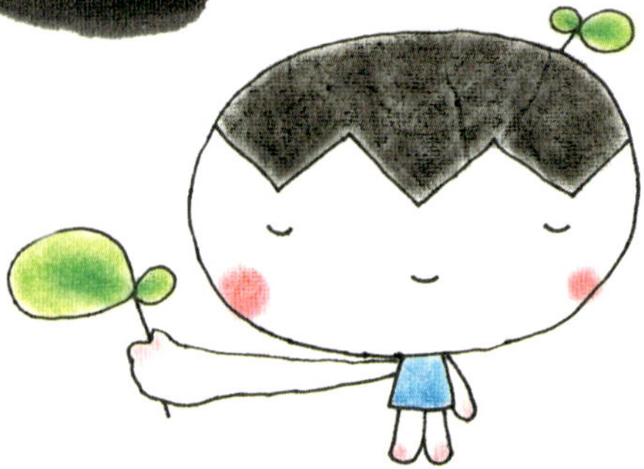

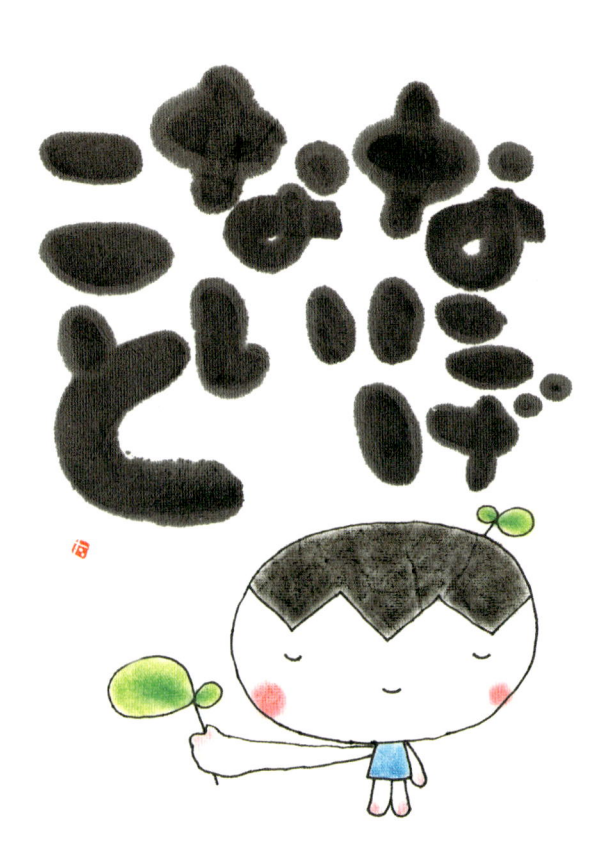

なにげないこと

なにげないことは
「なにもない」
つまらない時間ではなく
「なにもなかった」
ありがたい時間で
できています。
日々、そんなたくさんの
贈りものを頂いて
暮らせているって
小さいけれど、大きな倖せ
それがわかりました。

よくやってるよ

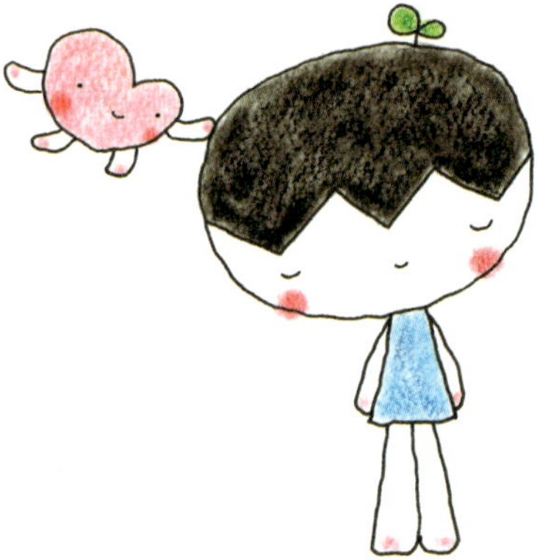

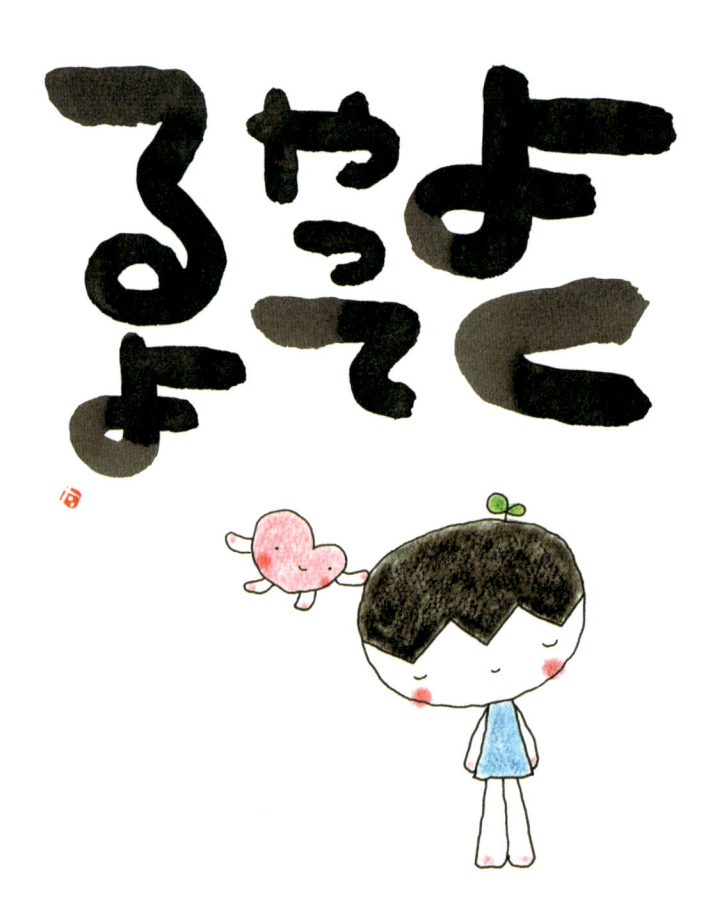

よくやってるよ

多くの人は、日々の暮らしを
当たり前だというかもしれません。
でも私は、そうは思わないかなぁ。
それは、当たり前に感じることは
「やりこなせている」
ということだと思うから。
本当は、身近な人に
ねぎらいのことばをかけて
もらえたらいいんだけれど
それが難しかったり
するんですよね。
だから、代わりに伝えます。
あなたは、本当によくやっています。
えらいよ、すごいよ。

ありがとう

ありがとう

そばにいてくれてありがとう。
待っていてくれてありがとう。
思っていてくれてありがとう。
忘れていてくれてありがとう。
いろんなカタチで、私に
関わっていてくれてありがとう。
そして……自分にもありがとう。

あとがき

最後まで、読んでくださってありがとうございました。この本を通じて、あなたとお出逢いできたことを感謝します。

２冊目の本から、この本が出るまでに６年という月日が流れました。なぜ、それだけの時間がかかったのか……。それは、３年前（2010年）にうつ病を再発したことにあります。

はじめてうつ病（産後うつ病）になったのは、23年前。今から思うと、その時間の長さによって実感は薄れ「とにかくしんどかった」という事実だけが、記憶として残っていたような気がします。

でも、３年前、日常生活を送ることすらままならなくなった瞬間、あの究極のしんどさが、リアルによみがえりました。息をする。眠る。食事をする。感情がわく ……。そんな、無意識にできていることが、できなくなるということは本当に辛く、例えようのない苦しみでした。「今度こそ、もうあかん」という思いに、何度のみこまれたかなぁ。でもそんな私を、家族と二人の友人が中心となり、支え続けてくれました。

その二人の友人は、私を一人にさせないように毎日、交代で我が家に通い、他の友人たちは、回復をそっと待っていてくれました。それがあったからこそ、私は今、こうしてここにいるんだと感じています。
それを体験して思うことは、なにげない暮らしは山盛りのできていることで、成り立っているということでした。日々の生活が、なにげなく送れていると「～ができない」とできていないことに、どうしても意識がいってしまいます。
でも、それはアンバランスですよね。もし、できないことを数えるのならば、できていることも数えてみて欲しいなぁ。
人は、できないことをいいことだと思いにくい、もちろん私もそうです。でも、私にはどうしてもできないことが、あったからこそ人に手助けをして頂き、つながりを持つことができたんだと今は感じています。そして、私のおかえしの一つが、絵ことばなんですね。

今回の本は、2007年～2009年、2012年の作品の中から37粒を選びました。主に、前半に2009年までの作品を、後半に2012年の作品を並べています。それは、この本自体が私の6年間の時間軸であると言えます。
世の中は「明るい」「強い」「前向き」「楽しむ」「乗り越える」「がまんする」「がんばる」などなど……。そんな姿勢をヨシとする感覚が、少なくありません。でも、そうでなくても「そうなれるまでは、そのままでいい」そして、もっというならば「そうなれなくても、それでいい」と私は思っています。それは、そうできないことは、なにも悪くないと思えるからです。自分自身のことであっても、どうしようもできないことがあります。だから、無理にそうならねばと思い過ぎないでほしい。もし「振り返ると、そう思えていた」そんなときが来たら本当にいいですね。

なにげない、いつもの暮らしこそ一番の倖せである、私はココロからそう感じます。少しでもあなたのココロが軽くなりますように。そんな願い種を、これからもコツコツとつくり続けていければと思っています。今日も、なにげない一日が過ごせますように。

最後になりましたが、この本を作るにあたってお世話になった方々にココロから感謝の気持ちをお伝えしたいと思います。

本当に、いっぱいいっぱいありがとうございました。

著者：たかいたかこ（絵ことば作家）
1996年、イラストレーターとして活動を開始。
1999年、絵ことばの創作活動も開始する。
子育て中に、育児ストレスからうつ病になったことを
きっかけに、応援でも励ましでもない
しんどさを共有できるような作品を描き続けている。
毎日新聞、朝日新聞、刊行物のイラスト他、
「ココロほぐしの種まきワークショップ」などの講師も務める。
「種まき工房」http://tanemaki.lolipop.jp/

いつもの倖せ

2013年9月27日　第一刷発行

著　者　たかいたかこ

発行者　内山正之

発行所　株式会社 西日本出版社　http://www.jimotonohon.com

〒564-0044　大阪府吹田市南金田1-8-25-402

[営業・受注センター]

〒564-0044　大阪府吹田市南金田1-11-11-202

TEL. 06-6338-3078　FAX. 06-6310-7057

郵便振替口座番号　00980-4-181121

編集　太田明日香（オオタ編集室）

装丁　上野かおる（鷺草デザイン事務所）

印刷・製本　シナノパブリッシングプレス

©2013 Takako Takai,Printed in Japan　ISBN978-4-901908-82-5 C0095